대한민국 법령 시리즈 530

공공보건의료에 관한 법률

(약칭 : 공공보건의료법)

법령

시행령

시행규칙

해광출판사

머리말

이 책은 방대한 법전을 보지 않고 간편하게 해당되는 법령만 참고해서 볼 수 있도록 하였습니다. 공공기관이나 관련 종사자들이 쉽고 간편하게 해당 법령을 참조 할 수 있도록 하였습니다.

특히 해당법률은 물론 관련 시행령, 시행규칙을 함께 실어 관련법을 서로 참고할 수 있게 하였습니다.

법률이라는 것이 크든 작든 항상 변하는 관계로, 출간 이후의 정확하고 최신의 법률은 법제처 국가법령정보센터에서 확인이 가능하니 법률의 실제 적용 시 확인이 필요한 점 유의하기를 바랍니다.

편집부

* 수록 법률은 법제처 국가법령정보센터에서 확인 가능합니다.
* 발행일 기준 시행 법률이므로 최신 법령은 위 센터에서 볼 수 있습니다.
* 본 책자에 수록된 법률의 문구에 대하여 법적인 효력은 없으며,
  실제 적용 법률은 위 센터에서 최신의 법률로 확인하시기 바랍니다.
* 해당 법령과 함께 시행령, 시행규칙도 수록되어 있습니다.
* 발행일 기준으로 개정 예정 법률은 밑줄로 별도 표시되어 있으며,
  보다 정확한 것은 법제처에서 확인하기 바랍니다.

목차

공공보건의료에 관한 법률
(약칭 : 공공보건의료법)

[시행 2023. 6. 11.] [법률 제18897호, 2022. 6. 10., 타법개정]

**개정 예정 법률 밑줄 별도 표시.

공공보건의료에 관한 법률
(약칭 : 공공보건의료법)

[시행 2023. 6. 11.] [법률 제18897호, 2022. 6. 10., 타법개정]

제1장 총칙

제1조(목적) 이 법은 공공보건의료의 기본적인 사항을 정하여 국민에게 양질의 공공보건의료를 효과적으로 제공함으로써 국민보건의 향상에 이바지함을 목적으로 한다.

제2조(정의) 이 법에서 사용하는 용어의 뜻은 다음과 같다. 〈개정 2015. 1. 28., 2016. 2. 3., 2021. 8. 17., 2022. 6. 10.〉

1. "공공보건의료"란 국가, 지방자치단체 및 보건의료기관이 지역·계층·분야에 관계없이 국민의 보편적인 의료 이용을 보장하고 건강을 보호·증진하는 모든 활동을 말한다.

2. "공공보건의료사업"이란 다음 각 목의 사업을 말한다.

가. 보건의료 공급이 원활하지 못한 지역 및 분야에 대한 의료 공급에 관한 사업

나. 보건의료 보장이 취약한 계층에 대한 의료 공급에 관한 사업

다. 발생 규모, 심각성 등의 사유로 국가와 지방자치단체의 대응이 필요한 감염병과 비감염병의 예방 및 관리, 재난으로 인한 환

자의 진료 등 관리, 건강 증진, 보건교육에 관한 사업

라. 그 밖에 국가가 관리할 필요가 있는 보건의료로서 보건복지부령으로 정하는 사업

3. “공공보건의료기관”이란 국가나 지방자치단체 또는 대통령령으로 정하는 공공단체(이하 “공공단체”라 한다)가 공공보건의료의 제공을 주요한 목적으로 하여 설립·운영하는 보건의료기관을 말한다.

4. “공공보건의료 수행기관”이란 다음 각 목의 보건의료기관을 말한다.

가. 공공보건의료기관

나. 제13조에 따른 의료취약지 거점의료기관

다. 제14조에 따른 공공전문진료센터

라. 제16조제2항에 따라 보건복지부장관, 특별시장·광역시장·도지사·특별자치도지사(이하 “시·도지사”라 한다) 또는 시장·군수·구청장(자치구의 구청장을 말한다. 이하 같다)과 협약을 체결한 의료기관

마. 제14조의2에 따른 책임의료기관

바. 「심뇌혈관질환의 예방 및 관리에 관한 법률」 제12조에 따른 중앙심뇌혈관질환센터와 제13조에 따른 권역심뇌혈관질환센터 및 지역심뇌혈관질환센터

사. 「응급의료에 관한 법률」 제2조제5호에 따른 응급의료기관, 제30조의2에 따른 권역외상센터 및 제30조의3에 따른 지역외상센터

아. 「암관리법」 제19조에 따른 지역암센터

자. 그 밖에 공공보건의료의 제공을 위하여 필요하다고 인정하

여 보건복지부령으로 정하는 기관

5. “공공보건의료 전달체계”란 국가 또는 지방자치단체가 제7조제1항 각 호의 사항을 제공하기 위하여 다음 각 목의 보건의료기관 간의 역할 수행 체계를 구축하는 것을 말한다.

가. 「국립중앙의료원의 설립 및 운영에 관한 법률」에 따른 국립중앙의료원

나. 「서울대학교병원 설치법」에 따른 서울대학교병원 및 「국립대학병원 설치법」에 따른 국립대학병원

다. 권역별로 설치·운영되며, 보건복지부장관이 지정하는 보건의료기관

라. 「지방의료원의 설립 및 운영에 관한 법률」에 따른 지방의료원

마. 가목부터 라목까지를 제외한 보건의료기관 중 공공보건의료 수행기관

제3조(국가와 지방자치단체의 의무) ① 국가와 지방자치단체는 공공보건의료를 강화하기 위하여 공공보건의료사업을 추진하여야 한다.

② 국가와 지방자치단체는 공공보건의료사업을 원활하게 추진하기 위하여 충분한 수의 공공보건의료 수행기관을 확보하여야 한다.

③ 국가와 지방자치단체는 공공보건의료기관이 양질의 의료서비스를 제공할 수 있도록 「의료법」 제2조제1항에 따른 의료인의 확보에 필요한 시책을 시행할 수 있다. 〈신설 2018. 3. 13.〉

④ 국가와 지방자치단체는 공공보건의료사업 및 공공보건의료 전달체계 구축·운영을 추진하기 위한 재원을 확보하여야 하며, 공공

보건의료 수행기관에 대하여 필요한 재정적·행정적 지원을 할 수 있다. 〈개정 2016. 2. 3., 2018. 3. 13.〉

제2장 공공보건의료 기본계획 등

제4조(공공보건의료 기본계획) ① 보건복지부장관은 국민에게 양질의 공공보건의료를 제공하기 위하여 제5조에 따른 공공보건의료정책심의위원회의 심의를 거쳐 「보건의료기본법」 제15조에 따른 보건의료발전계획과 연계하여 공공보건의료 기본계획을 5년마다 수립하여야 하고, 이를 기초로 매년 주요 시책 추진계획을 수립·시행하여야 한다. 〈개정 2021. 3. 23.〉

② 제1항에 따른 공공보건의료 기본계획(이하 "공공보건의료 기본계획"이라 한다)에는 다음 각 호의 사항이 포함되어야 한다. 〈개정 2021. 8. 17.〉

1. 공공보건의료의 목표와 방향
2. 공공보건의료의 추진 계획 및 방법
3. 공공보건의료 확충을 위한 인력, 병상, 시설 등 보건의료자원의 조달 및 관리 방안
4. 공공보건의료 전달체계의 구축·관리 방안
5. 공공보건의료가 취약한 지역·계층·분야에 대한 지원 방안
6. 공중보건 위기 상황 시 대응 방안
7. 그 밖에 공공보건의료 강화를 위하여 보건복지부령으로 정하는 사항

③ 보건복지부장관은 보건의료시책상 필요한 경우 제5조에 따른

공공보건의료정책심의위원회의 심의를 거쳐 공공보건의료 기본계획을 변경할 수 있다. 〈신설 2021. 3. 23.〉

④ 관계 중앙행정기관의 장, 공공단체의 장과 시·도지사는 매년 공공보건의료 기본계획에 따라 공공보건의료 시행계획(이하 "시행계획"이라 한다)을 수립·시행하여야 한다. 이 경우 시·도지사는 제5조의2에 따른 시·도공공보건의료위원회의 심의를 거쳐 시행계획을 변경할 수 있다. 〈개정 2021. 3. 23.〉

⑤ 관계 중앙행정기관의 장, 공공단체의 장과 시·도지사는 전년도 시행계획에 따른 추진실적 및 다음 연도의 시행계획을 매년 보건복지부장관에게 제출하여야 한다. 〈개정 2021. 3. 23.〉

⑥ 제4항 및 제5항에 따른 시행계획의 수립·시행 및 추진실적의 평가 등에 필요한 사항은 대통령령으로 정한다. 〈개정 2021. 3. 23.〉

제5조(공공보건의료정책심의위원회) ① 공공보건의료에 관한 주요 시책을 심의하기 위하여 보건복지부장관 소속으로 공공보건의료정책심의위원회(이하 "심의위원회"라 한다)를 둔다.

② 심의위원회는 위원장 1명을 포함한 20명 이내의 위원으로 구성하되, 공무원이 아닌 위원이 전체 위원의 과반수 이상이 되도록 하여야 한다.

③ 위원장은 보건복지부장관으로 한다.

④ 위원은 다음 각 호의 사람 중에서 보건복지부장관이 임명 또는 위촉한다.

1. 대통령령으로 정하는 관계 중앙행정기관 소속 공무원

2. 공공보건의료 수요자를 대표하는 사람

3. 공공보건의료 공급자를 대표하는 사람

4. 공공보건의료에 관한 학식과 경험이 풍부한 사람

⑤ 심의위원회는 다음 각 호의 사항을 심의한다.

1. 공공보건의료 기본계획의 수립 및 변경, 시행계획의 평가에 관한 사항

2. 제12조에 따른 의료취약지 지정에 관한 사항

3. 세14조에 따른 공공전문진료센터의 필요성 및 규모에 관한 사항

4. 관계 중앙행정기관에서 관할하는 공공보건의료기관의 효율적 운영과 협력 및 연계에 관한 사항

5. 그 밖에 공공보건의료에 관하여 위원장이 부의하는 사항

⑥ 심의위원회는 매년 정기적으로 개최하여야 한다.

⑦ 심의위원회의 효율적인 운영을 위하여 위원회에 분야별로 분과위원회를 둘 수 있다.

⑧ 이 법에서 규정한 것 외에 심의위원회 및 분과위원회의 구성·운영과 그 밖에 필요한 사항은 대통령령으로 정한다.

[전문개정 2021. 3. 23.]

제5조의2(시·도공공보건의료위원회) ① 공공보건의료에 관한 중요사항을 심의하기 위하여 특별시·광역시·도·특별자치도(이하 "시·도"라 한다)에 시·도 공공보건의료위원회(이하 "시·도위원회"라 한다)를 둔다.

② 시·도위원회는 해당 시·도의 공공보건의료에 관한 다음 각 호의 사항을 심의한다.

1. 시행계획의 수립 및 변경에 관한 사항

2. 제13조에 따른 의료취약지 거점의료기관의 지정에 관한 사항

3. 지역 내 공공보건의료 협력 및 육성에 관한 사항

4. 지역 내 공공보건의료 시책 및 사업의 조정

5. 그 밖에 공공보건의료에 관하여 시 · 도지사가 부의하는 사항

③ 시 · 도위원회의 구성 · 기능 및 운영 등에 관하여 필요한 사항은 대통령령으로 정하는 기준에 따라 해당 시 · 도의 조례로 정한다.

[본조신설 2021. 3. 23.]

제3장 공공보건의료 수행기관

제6조(공공보건의료기관의 설치 · 운영) ① 국가와 지방자치단체는 공공보건의료기관을 설치 · 운영하여 국민의 기본적인 보건의료 수요를 형평성 있게 충족시킬 수 있도록 노력하여야 한다.

② 국가와 지방자치단체는 공공보건의료기관의 설치 · 운영에 필요한 비용을 보조할 수 있다.

제7조(공공보건의료기관의 의무) ① 공공보건의료기관은 다음 각 호에 해당하는 보건의료를 우선적으로 제공하여야 한다. 〈개정 2016. 2. 3.〉

1. 의료급여환자 등 취약계층에 대한 보건의료

2. 아동과 모성, 장애인, 정신질환, 응급진료 등 수익성이 낮아 공급이 부족한 보건의료

3. 재난 및 감염병 등 신속한 대응이 필요한 공공보건의료

4. 질병 예방과 건강 증진에 관련된 보건의료

5. 교육 · 훈련 및 인력 지원을 통한 지역적 균형을 확보하기 위한

보건의료

6. 그 밖에 「보건의료기본법」 제15조에 따른 보건의료발전계획에 따라 보건복지부장관이 정하는 보건의료

② 보건복지부장관은 공공보건의료기관에 대하여 해당 공공보건의료기관의 설립·운영에 관한 법령에서 정한 사업 외의 다른 공공보건의료사업에 대하여도 그 수행을 요청할 수 있다.

③ 공공보건의료기관은 제2항에 따른 요청을 받은 경우에는 특별한 사유가 없으면 그 요청에 따라야 한다.

④ 국가와 지방자치단체는 제1항·제2항 또는 제17조제1항에 따른 공공보건의료기관 또는 공공보건의료 수행기관의 보건의료 제공 등에 필요한 비용의 전부 또는 일부를 예산의 범위에서 보조할 수 있다. 〈신설 2015. 1. 28.〉

제8조(공공보건의료계획의 수립) ① 공공보건의료기관의 장은 공공보건의료 기본계획의 시행을 위한 공공보건의료계획을 매년 수립하고 이를 전년도 시행결과와 함께 보건복지부장관에게 보고하여야 한다.

② 보건복지부장관은 제1항에 따른 공공보건의료계획의 내용에 관하여 필요하다고 인정하는 경우에는 보건복지부령으로 정하는 바에 따라 공공보건의료기관의 장에게 그 계획의 변경을 권고할 수 있다.

③ 보건복지부장관 또는 시·도지사는 제1항에 따른 공공보건의료계획의 시행에 필요한 비용의 일부를 보조할 수 있다.

④ 제1항에 따른 공공보건의료계획의 내용 및 수립 절차 등에 관

하여 필요한 사항은 보건복지부령으로 정한다.

제9조(공공보건의료계획의 시행결과 평가) ① 보건복지부장관은 제8조에 따른 공공보건의료계획의 시행결과를 평가하여야 한다. 이 경우 보건복지부장관은 제7조제1항·제2항 또는 제17조제1항에 따라 보건의료 제공 등을 한 공공보건의료기관 또는 공공보건의료 수행기관(제2조제4호라목의 경우는 제외한다. 이하 이 조에서 같다)의 이행 성과를 평가에 반영하여야 한다. 〈개정 2015. 1. 28.〉

② 보건복지부장관은 공공보건의료기관 또는 공공보건의료 수행기관이 제7조제1항·제2항 또는 제17조제1항에 따라 보건의료를 제공할 때 발생한 경영상의 손해를 제1항에 따른 평가에 불리하게 반영하여서는 아니 된다. 〈신설 2015. 1. 28.〉

③ 보건복지부장관은 제1항에 따른 평가결과를 해당 공공보건의료기관의 장과 해당 공공보건의료기관이 소속된 기관의 장에게 통보하여야 한다. 〈개정 2015. 1. 28.〉

④ 보건복지부장관은 제1항에 따른 평가결과를 공표하거나 제8조에 따른 비용의 보조에 반영할 수 있다. 〈개정 2015. 1. 28.〉

⑤ 제1항에 따른 공공보건의료계획 시행결과 평가의 기준, 방법, 절차 및 시기 등에 관하여 필요한 사항은 보건복지부령으로 정한다. 〈개정 2015. 1. 28.〉

제10조(국유·공유 재산의 무상 대부) ① 국가와 지방자치단체는 공공보건의료기관의 설립·운영을 위하여 필요하다고 인정할 때에는 「국유재산법」 또는 「공유재산 및 물품 관리법」에도 불구하고 국유·공유 재산을 공공보건의료기관에 무상으로 대부하거나 사용·수익하

게 할 수 있다.

② 제1항에 따라 공유재산을 무상으로 대부하거나 사용ㆍ수익하게 하는 경우에는 「공유재산 및 물품 관리법」 제13조에도 불구하고 공유재산에 영구시설물을 축조하게 할 수 있다. 이 경우 그 시설물의 종류 등을 고려하여 그 기간이 끝나는 때에 이를 지방자치단체에 기부하거나 원상으로 회복하여 반환하는 조건을 붙여야 한다. 〈신설 2020. 4. 7.〉

③ 제1항에 따른 대부와 사용ㆍ수익의 내용, 조건 및 절차에 관하여 필요한 사항은 대통령령으로 정한다. 〈개정 2020. 4. 7.〉

제11조(일정 규모 이하의 기관에 대한 특례) 보건소 등 보건복지부령으로 정하는 일정 규모 이하의 공공보건의료기관에는 제8조, 제9조, 제13조 및 제14조를 적용하지 아니한다.

제12조(의료취약지의 지정ㆍ고시) ① 보건복지부장관은 주기적으로 국민의 의료 이용 실태 및 의료자원의 분포 등에 관한 다음 각 호의 사항을 평가ㆍ분석하여야 한다. 〈개정 2019. 12. 3.〉

1. 인구 수, 성별ㆍ연령별 인구 분포, 소득 등에 따른 지역 내 국민의 의료 이용 실태에 관한 사항

2. 의료인력ㆍ의료기관의 수 등 지역 내 의료공급에 관한 사항

3. 지역적 특성 등을 고려한 의료기관 접근성에 관한 사항

4. 그 밖에 의료 이용 실태 및 의료자원 공급에 관한 사항으로서 보건복지부장관이 정하는 사항

② 보건복지부장관은 제1항에 따른 평가ㆍ분석 결과 의료서비스의 공급이 현저하게 부족한 지역을 의료취약지로 지정ㆍ고시할 수

있다.

③ 제2항에 따라 의료취약지를 지정할 때에는 부족한 의료서비스의 대상 및 종류에 따라 구분하여 지정할 수 있다.

④ 보건복지부장관은 제2항에 따라 지정·고시된 의료취약지(이하 “의료취약지”라 한다)에 대하여 보건의료 공급이 원활하게 이루어질 수 있도록 다음 각 호의 지원을 할 수 있다.

1. 보건의료 인력의 공급에 대한 지원

2. 「의료법」 제3조에 따른 의료기관(이하 “의료기관”이라 한다)의 설립 및 운영을 위한 비용의 보조 등

⑤ 제2항 및 제3항에 따른 의료취약지 지정의 기준, 방법, 절차 및 기간 등에 관하여 필요한 사항은 보건복지부령으로 정한다. 〈개정 2019. 12. 3.〉

제13조(의료취약지 거점의료기관의 지정) ① 시·도지사는 관할 의료취약지의 주민에게 적정한 보건의료를 제공하기 위하여 필요한 시설·인력 및 장비를 갖추었거나 갖출 능력이 있다고 인정하는 의료기관 중에서 거점의료기관(이하 “의료취약지 거점의료기관”이라 한다)을 지정할 수 있다.

② 의료취약지 거점의료기관으로 지정받으려는 의료기관은 시·도지사에게 신청하여야 한다. 이 경우 공공보건의료기관이 신청하면 시·도지사는 그 지정을 우선적으로 고려할 수 있다.

③ 의료취약지 거점의료기관으로 지정받은 의료기관은 보건복지부령으로 정하는 바에 따라 의료취약지에서 적정한 보건의료를 제공하기 위한 계획을 수립하고 그 시행결과를 시·도지사에게 보고하여야

한다.

④ 보건복지부장관 또는 시·도지사 및 시장·군수·구청장은 의료취약지 거점의료기관의 시설·장비 확충 및 운영에 드는 비용의 전부 또는 일부를 지원할 수 있다.

⑤ 보건복지부장관은 의료취약지 거점의료기관으로 지정된 의료기관의 수가 너무 많거나 적은 경우에는 보건복지부령으로 정하는 바에 따라 시·도지사에게 지정의 개선을 권고할 수 있다.

⑥ 의료취약지 거점의료기관 지정의 기준, 방법 및 절차 등에 관하여 필요한 사항은 보건복지부령으로 정한다.

제14조(공공전문진료센터의 지정) ① 보건복지부장관은 다음 각 호의 보건의료를 원활하게 제공하기 위하여 전문진료 분야별로 필요한 시설·인력 및 장비를 갖추었거나 갖출 능력이 있다고 인정하는 의료기관 중에서 공공전문진료센터(이하 "공공전문진료센터"라 한다)를 지정할 수 있다.

1. 수익성이 낮아 공급이 원활하지 아니한 전문진료

2. 국민건강을 위하여 국가가 육성하여야 할 필요성이 큰 전문진료

3. 지역별 공급의 차이가 커서 국가가 지원하여야 할 필요가 있는 전문진료

② 공공전문진료센터로 지정받으려는 의료기관은 보건복지부장관에게 신청하여야 한다. 이 경우 공공보건의료기관이 신청하면 보건복지부장관은 그 지정을 우선적으로 고려할 수 있다.

③ 공공전문진료센터는 지정받은 전문진료 분야에서 양질의 보건

의료서비스 제공과 인력에 대한 교육 등을 하여야 하며, 보건복지부령으로 정하는 바에 따라 이를 위한 계획을 수립하고 그 시행결과를 보건복지부장관에게 보고하여야 한다.

④ 보건복지부장관 또는 시·도지사는 공공전문진료센터의 시설·장비 확충 및 운영에 드는 비용의 전부 또는 일부를 지원할 수 있다.

⑤ 공공전문진료센터 지정의 기준, 방법 및 절차 등에 관하여 필요한 사항은 보건복지부령으로 정한다.

제14조의2(책임의료기관의 지정) ① 보건복지부장관은 다음 각 호의 업무를 원활하게 수행하기 위하여 필요한 시설·인력 및 장비를 갖추었거나 갖출 능력이 있다고 인정하는 보건의료기관 중에서 책임의료기관을 지정할 수 있다.

1. 공공보건의료사업의 수행, 기획·연구 및 조정
2. 공공보건의료 수행기관 간 협력 체계 구축 및 공공보건의료 전달체계의 조정·관리
3. 보건의료기관의 역량 강화를 위한 의료인력 파견·교육
4. 감염병 예방 및 진료, 응급의료, 모자보건사업, 환자의 지역사회 연계 등에 관한 사항
5. 그 밖에 공공보건의료 강화를 위하여 보건복지부령으로 정하는 사항

② 책임의료기관으로 지정받으려는 보건의료기관은 보건복지부장관에게 신청하여야 한다. 이 경우 보건복지부장관은 공공보건의료기관을 우선적으로 지정할 수 있다.

③ 책임의료기관으로 지정받은 의료기관은 보건복지부령으로 정하

는 바에 따라 제1항 각 호의 업무를 원활하게 수행하기 위한 계획을 수립하고 그 시행 결과를 보건복지부장관에게 보고하여야 한다.

④ 책임의료기관으로 지정받은 보건의료기관의 장은 제1항 각 호의 업무의 원활한 수행 및 해당 보건의료기관 내부 또는 외부와의 협력 강화를 위하여 전담조직을 설치·운영하여야 한다.

⑤ 보건복지부장관 또는 시·도지사는 책임의료기관의 시설·장비 확충 및 운영에 드는 비용의 전부 또는 일부를 지원할 수 있다.

⑥ 그 밖에 책임의료기관의 지정 기준·방법 및 절차, 전담조직 등에 관하여 필요한 사항은 보건복지부령으로 정한다.

[본조신설 2021. 8. 17.]

제15조(공공보건의료사업의 시행결과 평가) ① 보건복지부장관은 의료취약지 거점의료기관, 공공전문진료센터 및 책임의료기관에 대하여 공공보건의료사업의 시행결과를 평가할 수 있다. 〈개정 2021. 8. 17.〉

② 보건복지부장관은 제1항에 따른 평가결과에 따라 해당 의료취약지 거점의료기관, 공공전문진료센터 또는 책임의료기관에 대한 재정적·행정적 지원을 다르게 할 수 있다. 〈개정 2021. 8. 17.〉

③ 보건복지부장관은 의료취약지 거점의료기관, 공공전문진료센터 또는 책임의료기관의 효율적인 운영을 위하여 제1항에 따른 평가결과를 공표하거나 평가결과와 관련하여 시정을 요구하는 등 필요한 조치를 할 수 있다. 〈개정 2021. 8. 17.〉

④ 제1항에 따른 평가의 세부 기준, 방법 등에 관하여 필요한 사항은 보건복지부령으로 정한다.

제16조(의료기관과의 업무 협력 및 협약 체결) ① 국가 또는 지방자치단체는 공공보건의료와 관련한 사업 수행 및 기술 지원 등에 관한 업무를 추진할 때 의료기관과 협력할 수 있다.

② 보건복지부장관 또는 시·도지사 및 시장·군수·구청장은 공공보건의료사업을 추진하기 위하여 필요하면 의료기관과 협약을 체결할 수 있다. 〈개정 2015. 1. 28.〉

제17조(공공보건의료 수행기관의 준수사항 등) ① 공공보건의료 수행기관은 환자에게 양질의 보건의료서비스를 제공하여야 한다. 〈신설 2015. 1. 28.〉

② 공공보건의료 수행기관(제2조제4호라목의 경우는 제외한다. 이하 이 조에서 같다)은 공공보건의료사업을 수행할 때 다음 각 호의 원칙을 준수하여야 한다. 〈개정 2015. 1. 28.〉

1. 지역 주민의 참여를 통한 사업계획 수립
2. 공익성에 기반한 성실한 사업 운영
3. 투명한 재정 운용과 회계 공개

③ 보건복지부장관은 대통령령으로 정하는 국민건강에 중대한 위해(危害)가 예상되는 경우에는 우선적으로 공공보건의료 수행기관에 그 위해의 발생 또는 확산을 억제하기 위하여 필요한 명령을 할 수 있다. 〈개정 2015. 1. 28.〉

④ 제3항에 따른 명령을 받은 공공보건의료 수행기관의 장은 정당한 사유 없이 이를 거부하여서는 아니 된다. 〈개정 2015. 1. 28.〉

[제목개정 2015. 1. 28.]

제18조(의료취약지 거점의료기관 등의 지정 취소) ① 보건복지부장관 또는 시·도지사는 의료취약지 거점의료기관, 공공전문진료센터 또는 책임의료기관이 다음 각 호의 어느 하나에 해당하는 경우에는 그 지정을 취소할 수 있다. 다만, 제1호에 해당하는 경우에는 그 지정을 취소하여야 한다. 〈개정 2015. 1. 28., 2021. 8. 17.〉

1. 거짓이나 그 밖의 부정한 방법으로 지정을 받은 경우

2. 국가 또는 지방자치단체가 지원한 예산을 부당하게 집행하거나 목적과 다르게 집행한 경우

3. 제13조제3항, 제14조제3항 또는 제14조의2제3항을 위반하여 보고의무를 이행하지 아니한 경우

4. 제13조제6항, 제14조제5항 또는 제14조의2제6항에 따른 지정기준에 미달하게 된 경우

5. 제17조제4항을 위반하여 정당한 사유 없이 명령을 이행하지 아니한 경우

6. 그 밖에 보건복지부령으로 정하는 사유에 해당하는 경우

② 제1항에 따라 지정이 취소된 의료기관은 지정이 취소된 날부터 2년 이내에는 의료취약지 거점의료기관, 공공전문진료센터 및 책임의료기관으로 지정받을 수 없다. 〈개정 2021. 8. 17.〉

③ 보건복지부장관 또는 시·도지사는 제1항에 따라 지정을 취소하는 경우 해당 의료기관에 지급한 보조금의 전부 또는 일부를 환수할 수 있다. 다만, 제1항제1호 또는 제2호에 해당하는 경우에는 보조금의 전부 또는 일부를 환수하여야 한다.

제19조(청문) 보건복지부장관 또는 시·도지사는 제18조에 따라 의

료취약지 거점의료기관, 공공전문진료센터 또는 책임의료기관의 지정을 취소하려면 청문을 하여야 한다. 〈개정 2021. 8. 17.〉

제4장 교육·훈련의 실시 등

제20조(교육·훈련 등) ① 보건복지부장관, 시·도지사 또는 시장·군수·구청장은 공공보건의료에 종사하는 사람의 자질 향상을 위하여 필요한 교육·훈련을 실시할 수 있다.

② 보건복지부장관 또는 시·도지사는 제1항에 따른 교육·훈련을 위하여 교육·훈련센터를 설치·운영할 수 있다.

③ 보건복지부장관 또는 시·도지사는 제2항에 따른 교육·훈련센터의 운영을 공공보건의료기관에 위탁하고 그 운영에 필요한 재정적·행정적 지원을 할 수 있다.

④ 제1항부터 제3항까지의 규정에 따른 교육·훈련의 방법·대상·내용, 교육·훈련센터의 설치·운영 및 운영의 위탁 등에 필요한 사항은 보건복지부령으로 정한다.

제21조(공공보건의료 지원센터의 설치·운영) ① 보건복지부장관은 공공보건의료에 관한 업무 중 다음 각 호의 업무 수행을 지원하게 하기 위하여 공공보건의료 지원센터를 설치·운영할 수 있다. 〈개정 2016. 2. 3., 2018. 3. 13.〉

1. 공공보건의료 수행기관에 대한 기술 및 경영개선 지원
2. 공공의료분야 지침 개발 및 보급 지원
3. 공공보건의료 인력에 대한 교육·훈련 프로그램의 개발 및 보급

4. 공공보건의료와 관련된 정보·통계의 수집 및 분석
5. 제9조제1항에 따른 공공보건의료계획의 시행결과 평가
6. 제15조제1항에 따른 공공보건의료사업의 시행결과 평가
7. 제22조제1항에 따른 공공보건의료 지원단 간의 교류·협력 지원
8. 그 밖에 보건복지부장관이 정하는 공공보건의료에 관한 업무

② 보건복지부장관은 제1항에 따른 공공보건의료 지원센터의 운영을 공공보건의료를 수행하는 법인 또는 단체에 위탁하고, 그 운영에 필요한 경비의 전부 또는 일부를 지원할 수 있다.

③ 제1항 및 제2항에 따른 공공보건의료 지원센터의 설치, 운영 및 운영의 위탁 등에 필요한 사항은 보건복지부령으로 정한다.

제22조(공공보건의료 지원단의 설치·운영) ① 시·도지사는 공공보건의료에 관한 업무 수행을 지원하게 하기 위하여 공공보건의료 지원단을 설치·운영할 수 있다.

② 시·도지사는 제1항에 따른 공공보건의료 지원단의 운영을 공공보건의료 수행기관이나 공공보건의료를 수행하는 법인 또는 단체, 그 밖에 공공보건의료 지원단의 원활한 운영을 위하여 보건복지부령으로 정하는 기관에 위탁할 수 있다. 이 경우 시·도지사는 그 운영에 필요한 경비의 전부 또는 일부를 지원할 수 있다. 〈개정 2021. 8. 17.〉

③ 국가는 제1항 및 제2항에 따른 공공보건의료 지원단의 설치·운영에 필요한 재정적·행정적 지원을 할 수 있다.

④ 제1항부터 제3항까지의 규정에 따른 공공보건의료 지원단의 설치, 운영 및 운영의 위탁 등에 필요한 사항은 보건복지부령으로

정한다.

제5장 보칙

제23조(자료의 제공 요청) ① 보건복지부장관, 시·도지사 또는 시장·군수·구청장은 공공보건의료 수행기관 및 공공단체에 공공보건의료 기본계획 및 시행계획의 수립·시행, 공공보건의료 사업의 관리 및 평가를 위하여 필요한 자료의 제공을 요청할 수 있다.

② 제1항에 따른 요청을 받은 공공보건의료 수행기관의 장 및 공공단체의 장은 특별한 사유가 없으면 그 요청에 따라야 한다.

제24조(조사·검사) ① 보건복지부장관, 시·도지사 또는 시장·군수·구청장은 공공보건의료 수행기관(제2조제4호라목의 경우는 제외한다. 이하 이 조에서 같다)의 공공보건의료사업에 대한 지도·감독이 필요하다고 인정할 때에는 소속 공무원으로 하여금 해당 공공보건의료 수행기관의 공공보건의료사업에 관한 업무·회계 및 재산에 관한 사항을 조사하게 하거나 관련 장부 또는 서류 등을 검사하게 할 수 있다.

② 제1항에 따라 조사 또는 검사를 하는 공무원은 그 권한을 표시하는 증표를 지니고 이를 관계인에게 보여주어야 한다.

제6장 벌칙

제25조(과태료) ① 제24조제1항에 따른 조사 또는 검사를 기피하거나 거부·방해한 자에게는 300만원 이하의 과태료를 부과한다.

② 제1항에 따른 과태료는 대통령령으로 정하는 바에 따라 보건

복지부장관 또는 지방자치단체의 장이 부과·징수한다.

부칙 〈제11247호, 2012. 2. 1.〉

제1조(시행일) 이 법은 공포 후 1년이 경과한 날부터 시행한다.

제2조(다른 법률의 개정) ① 농어촌주민의 보건복지증진을 위한 특별법 일부를 다음과 같이 개정한다.

제10조 중 "공공보건의료에관한법률 제2조제2호의 규정에 의한"을 "「공공보건의료에 관한 법률」 제2조제3호에 따른"으로 한다.

제13조제1항 중 "공공보건의료에관한법률 제5조 각호"를 "「공공보건의료에 관한 법률」 제7조제1항 각 호"로 한다.

② 대한적십자사 조직법 일부를 다음과 같이 개정한다.

제22조제2항 중 "「공공보건의료에 관한 법률」 제4조에 따른 사업을"을 "「공공보건의료에 관한 법률」 제7조제1항 각 호에 따른 보건의료를"로 한다.

③ 사회기반시설에 대한 민간투자법 일부를 다음과 같이 개정한다.

제2조제1호토목을 다음과 같이 한다.

土. 「공공보건의료에 관한 법률」 제2조제3호에 따른 공공보건의료기관

④ 응급의료에 관한 법률 일부를 다음과 같이 개정한다.

제47조의2제1항제1호 중 "「공공보건의료에 관한 법률」 제2조"를 "「공공보건의료에 관한 법률」 제2조제3호"로 한다.

제3조(다른 법령과의 관계) 이 법 시행 당시 다른 법령에서 종전의

「공공보건의료에관한법률」의 규정을 인용한 경우 이 법 가운데 그에 해당하는 규정이 있을 때에는 종전의 규정을 갈음하여 이 법의 해당 규정을 인용한 것으로 본다.

부칙 〈제13098호, 2015. 1. 28.〉

이 법은 공포한 날부터 시행한다.

부칙 〈제13982호, 2016. 2. 3.〉

이 법은 공포 후 6개월이 경과한 날부터 시행한다.

부칙 〈제15440호, 2018. 3. 13.〉

이 법은 공포 후 3개월이 경과한 날부터 시행한다.

부칙 〈제16727호, 2019. 12. 3.〉

이 법은 공포 후 6개월이 경과한 날부터 시행한다.

부칙 〈제17194호, 2020. 4. 7.〉

이 법은 공포한 날부터 시행한다.

부칙 〈제17965호, 2021. 3. 23.〉

제1조(시행일) 이 법은 공포 후 6개월이 경과한 날부터 시행한다.

제2조(공공보건의료 기본계획의 수립에 관한 적용례) 제4조제1항의 개정규정은 이 법 시행 이후 수립하는 공공보건의료 기본계획부터

적용한다.

부칙 〈제18411호, 2021. 8. 17.〉

이 법은 공포 후 6개월이 경과한 날부터 시행한다.

부칙 〈제18897호, 2022. 6. 10.〉 (심뇌혈관질환의 예방 및 관리에 관한 법률)

제1조(시행일) 이 법은 공포 후 1년이 경과한 날부터 시행한다.

제2조(다른 법률의 개정) 공공보건의료에 관한 법률 일부를 다음과 같이 개정한다.

제2조제4호바목 중 "제9조에 따른 심뇌혈관질환센터"를 "제12조에 따른 중앙심뇌혈관질환센터와 제13조에 따른 권역심뇌혈관질환센터 및 지역심뇌혈관질환센터"로 한다.

공공보건의료에 관한 법률 시행령

(약칭 : 공공보건의료법 시행령)

[시행 2023. 6. 5.] [대통령령 제33382호, 2023. 4. 11., 타법개정]

**개정 예정 법률 밑줄 별도 표시.

공공보건의료에 관한 법률 시행령

(약칭 : 공공보건의료법 시행령)

[시행 2023. 6. 5.] [대통령령 제33382호, 2023. 4. 11., 타법개정]

제1조(목적) 이 영은 「공공보건의료에 관한 법률」에서 위임된 사항과 그 시행에 필요한 사항을 규정함을 목적으로 한다.

제2조(공공단체의 범위) 「공공보건의료에 관한 법률」(이하 "법"이라 한다) 제2조제3호에서 "대통령령으로 정하는 공공단체"란 다음 각 호의 기관 등을 말한다.

1. 「국립대학병원 설치법」에 따른 국립대학병원
2. 「국립대학치과병원 설치법」에 따른 국립대학치과병원
3. 「국립중앙의료원의 설립 및 운영에 관한 법률」에 따른 국립중앙의료원
4. 「국민건강보험법」 제13조에 따른 국민건강보험공단
5. 「대한적십자사 조직법」에 따른 대한적십자사
6. 「방사선 및 방사성동위원소 이용진흥법」 제13조의2에 따른 한국원자력의학원
7. 「산업재해보상보험법」 제10조에 따른 근로복지공단

8. 「서울대학교병원 설치법」에 따른 서울대학교병원

9. 「서울대학교치과병원 설치법」에 따른 서울대학교치과병원

10. 「지방의료원의 설립 및 운영에 관한 법률」에 따른 지방의료원

11. 「암관리법」 제27조에 따른 국립암센터

12. 「한국보훈복지의료공단법」에 따른 한국보훈복지의료공단

제3조(공공보건의료 시행계획의 수립) ① 보건복지부장관은 법 제4조제4항 전단에 따라 관계 중앙행정기관의 장, 공공단체의 장 및 특별시장 · 광역시장 · 도지사 · 특별자치도지사(이하 "시 · 도지사"라 한다)가 공공보건의료 시행계획(이하 "시행계획"이라 한다)을 수립하는 데 필요한 지침을 작성하여 이를 전년도 12월 31일까지 관계 중앙행정기관의 장, 공공단체의 장 및 시 · 도지사에게 통보해야 한다. 〈개정 2021. 9. 24.〉

② 관계 중앙행정기관의 장, 공공단체의 장 및 시 · 도지사는 제1항의 지침에 따라 수립한 시행계획을 해당 연도 1월 31일까지 보건복지부장관에게 제출하여야 한다.

③ 시 · 도지사는 제2항에 따라 시행계획을 수립할 때에는 「지역보건법」 제7조에 따른 지역보건의료계획과 연계되도록 하여야 한다. 〈개정 2015. 11. 18.〉

제4조(공공보건의료 시행계획의 평가) ① 보건복지부장관은 시행계획의 추진실적 평가를 위한 지침을 작성하여 관계 중앙행정기관의 장, 공공단체의 장 및 시 · 도지사에게 다음 연도 2월 말까지 통보하여야 한다.

② 법 제4조제5항에 따라 관계 중앙행정기관의 장, 공공단체의 장

및 시·도지사는 다음 연도 3월 31일까지 보건복지부장관에게 해당 연도 시행계획의 추진 실적을 제출해야 한다. 〈개정 2021. 9. 24.〉

③ 보건복지부장관은 제2항에 따라 제출된 추진 실적을 평가하고, 그 결과를 관계 중앙행정기관의 장, 공공단체의 장 및 시·도지사에게 통보하여야 한다.

④ 관계 중앙행정기관의 장, 공공단체의 장 및 시·도지사는 제3항에 따라 통보받은 평가 결과를 다음 연도 시행계획에 반영하여야 한다.

제5조(공공단체의 장의 시행계획 수립 등에 관한 특례) 제3조와 제4조에도 불구하고 관계 중앙행정기관의 장 및 시·도지사가 제2조에 따른 공공단체 중 소관 공공단체와 미리 협의한 후 그 공공단체와 관련된 사항을 포함하여 시행계획을 수립하고 그 시행계획의 추진 실적을 제출하여 평가받은 경우에는 해당 공공단체의 장이 직접 시행계획을 수립하고 추진 실적을 제출하여 평가받은 것으로 본다.

제5조의2(공공보건의료정책심의위원회의 구성) ① 법 제5조제4항제1호에서 "대통령령으로 정하는 관계 중앙행정기관 소속 공무원"이란 다음 각 호의 사람을 말한다. 이 경우 복수차관이 있는 기관은 해당 기관의 장이 지명하는 차관으로 한다. 〈개정 2023. 4. 11.〉

1. 기획재정부차관
2. 교육부차관
3. 과학기술정보통신부차관
4. 법무부차관
5. 국방부차관

6. 행정안전부차관

7. 국가보훈부차관

8. 고용노동부차관

② 법 제5조제4항에 따라 위촉된 위원(이하 이 조에서 "위촉위원"이라 한다)의 임기는 2년으로 하며, 한 차례만 연임할 수 있다.

③ 법 제5조제1항에 따른 공공보건의료정책심의위원회(이하 "심의위원회"라 한다) 위원장은 위촉위원이 다음 각 호의 어느 하나에 해당하는 경우에는 해당 위원을 해촉(解囑)할 수 있다.

1. 심신장애로 직무를 수행할 수 없게 된 경우

2. 직무와 관련된 비위사실이 있는 경우

3. 직무태만, 품위손상이나 그 밖의 사유로 위원으로 적합하지 않다고 인정되는 경우

4. 위원 스스로 직무를 수행하기 어렵다는 의사를 밝히는 경우

④ 심의위원회 위원장은 심의위원회의 업무를 총괄하며, 위원장이 부득이한 사유로 직무를 수행할 수 없는 경우에는 위원장이 미리 지명한 위원이 그 직무를 대행한다.

[본조신설 2021. 9. 24.]

제5조의3(심의위원회의 운영) ① 심의위원회 위원장은 심의위원회의 회의를 소집하고, 그 의장이 된다.

② 심의위원회의 회의는 재적위원 과반수의 출석으로 개의(開議)하고, 출석위원 과반수의 찬성으로 의결한다.

③ 심의위원회의 사무를 처리하기 위하여 심의위원회에 간사 1명을 두며, 간사는 보건복지부의 고위공무원단에 속하는 공무원 중에

서 보건복지부장관이 지명한다.

④ 심의위원회는 심의를 위하여 필요한 경우에는 관계 공무원 또는 전문가를 회의에 참석하게 하여 의견을 들을 수 있다.

⑤ 제1항부터 제4항까지에서 규정한 사항 외에 심의위원회의 운영에 필요한 세부 사항은 심의위원회의 의결을 거쳐 심의위원회 위원장이 정한다.

[본조신설 2021. 9. 24.]

제5조의4(분과위원회의 구성ㆍ운영) ① 법 제5조제7항에 따른 분과위원회(이하 이 조에서 "분과위원회"라 한다) 위원장과 위원은 심의위원회위원 중에서 보건복지부장관이 지명한다.

② 분과위원회의 회의는 분과위원회 재적위원 과반수의 출석으로 개의하고, 출석위원 과반수의 찬성으로 의결한다.

③ 제1항 및 제2항에서 규정한 사항 외에 분과위원회의 구성ㆍ운영에 필요한 세부 사항은 심의위원회의 의결을 거쳐 심의위원회 위원장이 정한다.

[본조신설 2021. 9. 24.]

제5조의5(시ㆍ도 공공보건의료위원회의 구성ㆍ운영) ① 법 제5조의2 제1항에 따른 시ㆍ도 공공보건의료위원회(이하 이 조에서 "시ㆍ도위원회"라 한다)는 위원장 1명과 부위원장 1명을 포함하여 20명 이내의 위원으로 구성한다.

② 시ㆍ도위원회 위원장과 부위원장은 위원 중에서 시ㆍ도지사가 각각 지명하고, 위원은 다음 각 호의 사람 중에서 시ㆍ도지사가 임명 또는 위촉한다. 이 경우 제2호부터 제5호까지의 규정에 해당하

는 사람이 각각 2명 이상 포함되어야 한다.

1. 해당 특별시 · 광역시 · 도 · 특별자치도(이하 "시 · 도"라 한다)의 공공보건의료에 관한 업무를 담당하는 공무원

2. 해당 시 · 도에 거주하는 주민대표

3. 해당 시 · 도의 공공보건의료 수요자를 대표하는 사람

4. 해당 시 · 도의 공공보건의료 공급자를 대표하는 사람

5. 공공보건의료에 관한 학식과 경험이 풍부한 사람

③ 시 · 도지사는 시 · 도위원회 위원이 다음 각 호의 어느 하나에 해당하는 경우에는 해당 위원을 해임하거나 해촉할 수 있다.

1. 심신장애로 직무를 수행할 수 없게 된 경우

2. 직무와 관련된 비위사실이 있는 경우

3. 직무태만, 품위손상이나 그 밖의 사유로 위원으로 적합하지 않다고 인정되는 경우

4. 위원 스스로 직무를 수행하기 어렵다는 의사를 밝히는 경우

④ 시 · 도위원회는 심의를 위하여 필요한 경우에는 관계 공무원 또는 전문가를 회의에 참석하게 하여 의견을 들을 수 있다.

[본조신설 2021. 9. 24.]

제6조(국유 · 공유 재산의 무상 대부 등) 법 제10조에 따른 공공보건의료기관의 설립 · 운영에 필요한 국유 · 공유 재산의 무상 대부 및 무상 사용 · 수익은 그 국유 · 공유 재산의 관리청과 해당 공공보건의료기관 간의 계약에 따른다.

제7조(공공보건의료 수행기관의 준수사항) 법 제17조제3항에서 "대통령령으로 정하는 국민건강에 중대한 위해(危害)가 예상되는 경우"

란 다음 각 호의 경우를 말한다. 〈개정 2021. 9. 24.〉

1. 「재난 및 안전관리 기본법」 제3조제1호에 따른 재난이 발생한 경우

2. 그 밖에 보건복지부장관이 국가적 대처 또는 지역 사회의 대처가 긴급하게 필요하다고 판단하여 이를 고시하는 경우

제8조(과태료의 부과기준) 법 제25조제2항에 따른 과태료의 부과기준은 별표와 같다.

부칙 〈제24340호, 2013. 1. 28.〉

제1조(시행일) 이 영은 2013년 2월 2일부터 시행한다.

제2조(다른 법령의 개정) ① 경찰공무원 보건안전 및 복지 기본법 시행령 일부를 다음과 같이 개정한다.

제6조제1항 중 "「공공보건의료에 관한 법률」 제2조제2호"를 "「공공보건의료에 관한 법률」 제2조제3호"로 한다.

② 수난구호법 시행령 일부를 다음과 같이 개정한다.

제2조제2호 중 "「공공보건의료에 관한 법률」 제2조제2호"를 "「공공보건의료에 관한 법률」 제2조제3호"로 한다.

③ 청소년복지 지원법 시행령 일부를 다음과 같이 개정한다.

제4조제1항제8호 중 "「공공보건의료에 관한 법률」 제2조제2호"를 "「공공보건의료에 관한 법률」 제2조제3호"로 한다.

④ 출입국관리법 시행령 일부를 다음과 같이 개정한다.

제92조의2제2호 중 "「공공보건의료에 관한 법률」 제2조제2호"를 "「공공보건의료에 관한 법률」 제2조제3호"로 한다.

제3조(다른 법령과의 관계) 이 영 시행 당시 다른 법령에서 종전의 「공공보건의료에 관한 법률 시행령」의 규정을 인용한 경우 이 영 가운데 그에 해당하는 규정이 있으면 종전의 규정을 갈음하여 이 영의 해당 조항을 인용한 것으로 본다.

부칙 〈제26651호, 2015. 11. 18.〉 (지역보건법 시행령)

제1조(시행일) 이 영은 2015년 11월 19일부터 시행한다.

제2조(다른 법령의 개정) ① 공공보건의료에 관한 법률 시행령 일부를 다음과 같이 개정한다.

제3조제3항 중 "「지역보건법」 제3조"를 "「지역보건법」 제7조"로 한다.

②부터 ⑧까지 생략

제3조 생략

부칙 〈제32006호, 2021. 9. 24.〉

이 영은 2021년 9월 24일부터 시행한다.

부칙 〈제33382호, 2023. 4. 11.〉 (국가보훈부와 그 소속기관 직제)

제1조(시행일) 이 영은 2023년 6월 5일부터 시행한다.

제2조 부터 제4조까지 생략

제5조(다른 법령의 개정) ①부터 〈53〉까지 생략

〈54〉 공공보건의료에 관한 법률 시행령 일부를 다음과 같이 개정한다.

제5조의2제1항제7호 및 제8호를 각각 다음과 같이 한다.

7. 국가보훈부차관

8. 고용노동부차관

〈55〉부터 〈73〉까지 생략

별표 / 서식

[별표] 과태료의 부과기준(제8조 관련)

공공보건의료에 관한 법률 시행규칙
(약칭 : 공공보건의료법 시행규칙)

[시행 2022. 2. 18.] [보건복지부령 제866호, 2022. 2. 17., 일부개정]

**개정 예정 법률 밑줄 별도 표시.

공공보건의료에 관한 법률 시행규칙
(약칭 : 공공보건의료법 시행규칙)

[시행 2022. 2. 18.] [보건복지부령 제866호, 2022. 2. 17., 일부개정]

제1조(목적) 이 규칙은 「공공보건의료에 관한 법률」 및 같은 법 시행령에서 위임된 사항과 그 시행에 필요한 사항을 규정함을 목적으로 한다.

제2조(공공보건의료기관의 개설 통보) 특별시장 · 광역시장 · 도지사 · 특별자치도지사(이하 "시 · 도지사"라 한다)는 「의료법」 제33조제4항에 따라 개설허가한 의료기관이 「공공보건의료에 관한 법률」(이하 "법"이라 한다) 제2조제3호의 공공보건의료기관인 경우에는 개설허가를 한 날부터 1개월 이내에 보건복지부장관에게 그 사실을 통보하여야 한다.

제2조의2(공공보건의료 수행기관) 법 제2조제4호자목에서 "보건복지부령으로 정하는 기관"이란 다음 각 호의 기관을 말한다.

1. 「감염병의 예방 및 관리에 관한 법률」 제8조의2에 따른 감염병전문병원 및 제36조에 따른 감염병관리기관

2. 「모자보건법」 제10조의2에 따른 고위험 임산부와 신생아 집중

치료 시설을 갖춘 의료기관

3. 「장애인 건강권 및 의료접근성 보장에 관한 법률」 제18조에 따른 재활의료기관, 같은 법 제18조의2에 따른 공공어린이재활병원 및 공공어린이재활의료센터, 같은 법 제19조에 따른 중앙장애인보건의료센터, 같은 법 제20조에 따른 지역장애인보건의료센터

4. 「치매관리법」 제16조의4에 따른 치매안심병원

5. 그 밖에 보건복지부장관이 공공보건의료사업을 수행하기 위하여 필요한 시설ㆍ인력 및 장비를 갖추었다고 인정하여 고시하는 기관

[본조신설 2022. 2. 17.]

제3조(공공보건의료 기본계획에 포함되어야 하는 사항) 법 제4조제2항제7호에서 "보건복지부령으로 정하는 사항"이란 다음 각 호의 사항을 말한다. 〈개정 2022. 2. 17.〉

1. 공공보건의료의 재원(財源) 확보 계획

2. 공공보건의료 통계 및 정보의 관리 방안

3. 국가, 지방자치단체 및 보건의료기관 간 협력 및 연계 방안

4. 그 밖에 공공보건의료 정책 수행을 위해 필요한 사항

제4조(공공보건의료계획의 수립) ① 보건복지부장관은 법 제8조제1항에 따라 공공보건의료기관의 장이 공공보건의료계획을 수립하는 데 필요한 지침을 작성하여 이를 전년도 12월 31일까지 관계 중앙행정기관의 장, 공공단체의 장 및 시ㆍ도지사를 거쳐 공공보건의료기관의 장에게 통보하여야 한다.

② 법 제8조제1항에 따른 공공보건의료계획에는 다음 각 호의 사항이 포함되어야 한다.

1. 지역 내 성별·연령별 등 공공보건의료 이용 현황 및 실태에 관한 사항

2. 공공보건의료기관의 설립목적에 부합하는 사업에 관한 사항

3. 인력, 예산 등 사업 추진 체계에 관한 사항

4. 법 제4조제1항에 따른 공공보건의료 기본계획 및 주요 시책 추진계획에서 정하는 공공보건의료정책의 시행에 관한 사항

5. 그 밖에 법 제7조제1항에 따라 공공보건의료기관이 우선적으로 제공하여야 할 보건의료 등에 관한 사항

③ 공공보건의료기관의 장은 제1항의 지침에 따라 수립한 공공보건의료계획을 해당 연도 1월 31일까지 관계 중앙행정기관의 장, 공공단체의 장 및 시·도지사를 거쳐 보건복지부장관에게 제출하여야 한다.

④ 공공보건의료기관의 장은 공공보건의료계획 수립을 위해 필요한 경우 보건의료 관련 기관 또는 단체 등에 자료 제공 및 협력을 요청할 수 있으며, 요청을 받은 기관 또는 단체의 장은 정당한 사유가 없으면 요청에 따라야 한다.

⑤ 관계 중앙행정기관의 장, 공공단체의 장 및 시·도지사는 제3항에 따라 공공보건의료기관의 장이 제출한 공공보건의료계획에 대하여 보건의료 이용자, 관련 기관 또는 단체, 전문가의 의견을 들은 후 공공보건의료기관의 장과 협의하여 그 내용을 조정할 수 있다.

⑥ 공공보건의료기관의 장은 지역 내 인구의 급격한 변화 등 예측하지 못한 보건의료 환경의 변화에 따라 공공보건의료계획의 변경이 필요하다고 판단되는 경우에는 관할 지역의 보건의료 이용자, 관

련 기관 또는 단체, 전문가의 의견을 들은 후 계획을 변경할 수 있다. 이 경우 공공보건의료기관의 장은 변경한 계획을 관계 중앙행정기관의 장, 공공단체의 장 및 시·도지사를 거쳐 보건복지부장관에게 제출하여야 한다.

제5조(공공보건의료계획의 변경 권고) ① 보건복지부장관은 법 제8조제2항에 따라 다음 각 호의 어느 하나에 해당하는 경우에는 공공보건의료기관의 장에게 공공보건의료계획의 변경을 권고할 수 있다. 〈개정 2021. 9. 24.〉

1. 공공보건의료계획이 관계 법령을 위반하는 경우
2. 공공보건의료계획이 해당 공공보건의료기관의 설립목적, 성격 등과 부합되지 않는 경우
3. 공공보건의료계획이 법 제4조제1항·제4항에 따른 공공보건의료 기본계획, 주요 시책 추진계획 및 공공보건의료 시행계획과 부합되지 않는 경우
4. 그 밖에 공공보건의료계획이 「보건의료기본법」 제15조에 따른 보건의료발전계획 등 국가 보건의료 시책과 부합되지 않는 경우

② 제1항에 따른 변경 권고를 받은 공공보건의료기관의 장은 특별한 사유가 없으면 그 권고에 따라야 한다.

제6조(공공보건의료계획의 시행결과 평가) ① 보건복지부장관은 법 제9조에 따라 공공보건의료계획의 시행결과 평가를 위한 지침을 작성하여 관계 중앙행정기관의 장, 공공단체의 장 및 시·도지사를 거쳐 공공보건의료기관의 장에게 다음 해 2월 말까지 통보하여야 한다.

② 공공보건의료기관의 장은 해당 연도의 공공보건의료계획 시행 결과를 다음 해 3월 31일까지 관계 중앙행정기관의 장, 공공단체의 장 및 시·도지사를 거쳐 보건복지부장관에게 제출하여야 한다.

③ 보건복지부장관은 법 제3조제4항 및 제8조제3항에 따라 재정적·행정적 지원을 하거나 비용을 보조할 경우 법 제9조제1항에 따른 공공보건의료계획의 평가결과를 반영하여 차등 지원할 수 있다. 〈개정 2021. 9. 24.〉

제7조(공공보건의료계획 수립 등의 제외 대상) 법 제11조에서 "보건복지부령으로 정하는 일정 규모 이하의 공공보건의료기관"이란 다음 각 호의 기관을 말한다. 〈개정 2015. 11. 18.〉

1. 「농어촌 등 보건의료를 위한 특별조치법」 제15조에 따른 보건진료소
2. 「의료법」 제3조제2항제1호의 의원급 의료기관
3. 「지역보건법」 제10조 및 제13조에 따른 보건소와 보건지소

제8조(의료취약지의 지정 절차) ① 보건복지부장관은 법 제12조제1항 각 호의 사항을 2년마다 평가·분석해야 한다.

② 보건복지부장관은 법 제12조제2항에 따라 의료취약지를 지정·고시한 경우 그 지역을 관할하는 시·도지사에게 지체 없이 통보해야 한다.

[전문개정 2021. 9. 24.]

제9조(의료취약지 거점의료기관의 지정) ① 법 제13조제1항에 따라 의료취약지 거점의료기관으로 지정받으려는 의료기관은 별지 제1호서식의 의료취약지 거점의료기관 지정신청서에 사업계획서를 첨부하

여 관할 시·도지사에게 신청하여야 한다.

② 제1항의 사업계획서에는 다음 각 호의 내용이 포함되어야 한다.

1. 의료취약지 지정 목적과의 부합성 검토 결과
2. 의료취약지 해소를 위한 적정 보건의료 제공 계획
3. 인력·시설·장비의 현황 및 운영계획
4. 그 밖에 의료취약지 해소를 위해 필요한 사항

③ 제1항에 따라 지정신청서를 받은 시·도지사는 의료취약지로 지정된 지역 내에 설립된 의료기관을 우선적으로 고려하여 지정하되, 불가피한 경우에는 의료자원의 분포, 필요한 의료서비스 및 지역주민의 생활권 등을 고려하여 해당 지역 외의 지역에 설립된 의료기관을 의료취약지 거점의료기관으로 지정할 수 있다. 〈개정 2021. 7. 7.〉

④ 시·도지사는 의료취약지 거점의료기관을 지정할 때 별지 제2호서식의 의료취약지 거점의료기관 지정서를 발급하고, 이를 보건복지부장관에게 보고하여야 한다.

제10조(의료취약지 거점의료기관의 계획 수립 등) ① 의료취약지 거점의료기관은 법 제13조제3항에 따라 의료취약지에서 적절한 보건의료를 제공하기 위해 그 해의 계획과 전년도의 시행결과를 매년 1월 31일까지 관할 시·도지사에게 제출하여야 한다.

② 제1항에 따른 계획에는 다음 각 호의 내용이 포함되어야 한다.

1. 해당 의료취약지의 의료 이용 및 제공 실태 분석
2. 의료취약지 해소를 위한 보건의료 제공 계획

3. 적정한 보건의료 제공을 위한 인력·시설·장비의 운영 계획

4. 관련 기관 간 협력 및 연계 방안

5. 그 밖에 공공보건의료사업 추진 등에 필요한 사항

③ 시·도지사는 제1항에 따라 제출된 시행결과를 평가하고, 그 평가결과를 보건복지부장관에게 보고하여야 한다.

④ 시·도지사는 제3항의 평가결과에 따라 의료취약지 거점의료기관에 의료취약지 해소를 위한 개선을 권고할 수 있다.

제11조(의료취약지 거점의료기관 지정의 개선 권고) ① 보건복지부장관은 법 제13조제5항에 따라 의료취약지 거점의료기관 지정의 개선을 권고하려는 경우 해당 시·도지사에게 권고 사유, 권고 내용, 이행 기간 등을 적은 서면으로 하여야 한다.

② 제1항에 따른 개선 권고를 받은 시·도지사는 특별한 사유가 없으면 개선 권고에 따른 필요한 조치를 하여야 하며, 그 조치 결과를 지체 없이 보건복지부장관에게 보고하여야 한다.

제12조(공공전문진료센터의 지정기준 등) ① 법 제14조에 따라 공공전문진료센터로 지정받으려는 의료기관은 다음 각 호의 어느 하나에 해당하는 의료기관으로서 보건복지부장관이 정하여 고시하는 기준을 충족하여야 한다. 〈개정 2021. 9. 24.〉

1. 「의료법」 제3조제2항제3호바목의 종합병원

2. 「의료법」 제3조의5제1항에 따른 전문병원

② 공공전문진료센터로 지정받으려는 의료기관은 법 제14조제2항 전단에 따라 별지 제3호서식의 공공전문진료센터 지정신청서에 사업계획서를 첨부하여 관할 시·도지사를 거쳐 보건복지부장관에게

신청해야 한다. 〈개정 2021. 9. 24.〉

③ 제2항에 따른 사업계획서에는 다음 각 호의 사항이 포함되어야 한다.

1. 공공전문진료센터 지정 목적과의 부합성 검토 결과
2. 공공전문진료센터 의료서비스의 수준 향상을 위한 계획
3. 인력 · 시설 · 장비의 현황 및 운영계획
4. 그 밖에 공공전문진료센터 운영에 필요한 사항

④ 제2항에 따라 신청서를 받은 시 · 도지사는 신청서류를 검토한 후 공공전문진료센터 지정에 대한 의견서를 첨부하여 보건복지부장관에게 제출하여야 한다.

⑤ 보건복지부장관은 제2항 및 제4항에 따른 신청서류와 시 · 도지사의 의견서를 검토하여 적합하다고 인정되는 의료기관을 공공전문진료센터로 지정하고, 별지 제4호서식의 공공전문진료센터 지정서를 발급한 후 관할 시 · 도지사에게 그 사실을 통보하여야 한다.

⑥ 보건복지부장관은 공공전문진료센터로 지정받으려는 의료기관이 지정 기준의 일부를 충족하지 못한 경우에는 일정기간 내에 그 기준을 충족할 것을 조건으로 하여 공공전문진료센터로 지정할 수 있다.

제13조(공공전문진료센터의 계획 수립 등) ① 공공전문진료센터로 지정받은 의료기관은 법 제14조제3항에 따라 지정받은 전문진료 분야에서 양질의 보건의료서비스 제공 등을 위해 그 해의 계획과 전년도 시행결과를 매년 1월 31일까지 관계 중앙행정기관의 장, 공공단체의 장 및 시 · 도지사를 거쳐 보건복지부장관에게 제출하여야 한다.

② 제1항에 따른 계획에는 다음 각 호의 사항이 포함되어야 한다.

1. 전문진료 분야에 대한 의료 이용 및 제공 실태 분석

2. 전문진료 분야에 대한 적정 보건의료 제공 계획

3. 적정 보건의료 제공을 위한 인력·시설·장비의 운영 계획

4. 관련 기관 간 협력 및 연계 방안

5. 그 밖에 공공보건의료사업 추진 등에 필요한 사항

제13조의2(책임의료기관의 지정기준 등) ① 법 제14조의2에 따라 책임의료기관으로 지정받으려는 의료기관은 다음 각 호에 모두 해당하는 의료기관으로서 보건복지부장관이 정하여 고시하는 기준을 충족해야 한다.

1. 「의료법」 제3조제2항제3호바목의 종합병원

2. 법 제2조제4호 각 목(같은 호 마목은 제외한다)의 공공보건의료 수행기관

② 책임의료기관으로 지정받으려는 의료기관은 법 제14조의2제2항 전단에 따라 별지 제5호서식의 책임의료기관 지정신청서에 사업계획서를 첨부하여 관할 시·도지사를 거쳐 보건복지부장관에게 신청해야 한다.

③ 제2항에 따른 사업계획서에는 다음 각 호의 사항이 포함되어야 한다.

1. 법 제14조의2제1항 각 호의 업무를 원활하게 수행하기 위하여 필요한 사항

2. 법 제14조의2제4항에 따른 전담조직의 설치·운영 계획

④ 제2항에 따라 신청서를 받은 시·도지사는 신청서류를 검토한

후 책임의료기관 지정에 대한 의견서 및 운영 지원 계획서를 첨부하여 보건복지부장관에게 제출해야 한다.

⑤ 보건복지부장관은 제2항 및 제4항에 따른 신청서류와 시·도지사의 의견서 및 운영 지원 계획서를 검토하여 적합하다고 인정되는 의료기관을 책임의료기관으로 지정하고, 별지 제6호서식의 책임의료기관 지정서를 발급한 후 관할 시·도지사에게 그 사실을 통보해야 한다.

⑥ 보건복지부장관은 책임의료기관으로 지정 받으려는 의료기관이 지정기준의 일부를 충족하지 못한 경우에는 일정기간 내에 그 지정기준을 충족할 것을 조건으로 하여 책임의료기관으로 지정할 수 있다.

[본조신설 2022. 2. 17.]

제13조의3(책임의료기관의 계획 수립 등) ① 책임의료기관으로 지정받은 의료기관은 법 제14조의2제3항에 따라 그 해의 계획을 매년 1월 31일까지 시·도지사를 거쳐 보건복지부장관에게 제출해야 한다.

② 책임의료기관으로 지정받은 의료기관은 법 제14조의2제3항에 따라 전년도 시행결과를 그 다음 연도 3월 31일까지 시·도지사를 거쳐 보건복지부장관에게 제출해야 한다.

③ 제1항에 따른 계획에는 제13조의2제3항 각 호의 사항이 포함되어야 한다.

[본조신설 2022. 2. 17.]

제14조(공공보건의료사업의 시행결과 평가) ① 보건복지부장관은 법

제15조제1항에 따라 의료취약지 거점의료기관에 대해 공공보건의료사업의 시행결과를 평가하는 경우 시·도지사가 제10조제3항에 따라 보고한 의료취약지 거점의료기관의 평가결과를 종합하여 2년마다 평가한다.

② 보건복지부장관은 법 제15조제1항에 따라 공공전문진료센터에 대하여 공공보건의료사업의 시행결과를 평가하는 경우 제13조제1항에 따라 공공전문진료센터가 제출한 시행결과를 종합하여 매년 평가한다.

③ 보건복지부장관은 법 제15조제1항에 따라 책임의료기관에 대하여 공공보건의료사업의 시행결과를 평가하는 경우 제13조의3제1항에 따라 책임의료기관이 제출한 시행결과를 종합하여 매년 평가한다. 〈신설 2022. 2. 17.〉

제15조(의료취약지 거점의료기관 등의 지정 취소 사유) 법 제18조제1항제6호에서 "보건복지부령으로 정하는 사유"란 다음 각 호의 경우를 말한다. 〈개정 2022. 2. 17.〉

1. 제10조제4항에 따른 개선 권고를 이행하지 않아 의료취약지 거점의료기관으로서의 기능을 현저히 수행하지 못한다고 판단될 경우

2. 제12조제6항에 따른 조건을 이행하지 않아 공공전문진료센터로서의 기능을 현저히 수행하지 못한다고 판단될 경우

3. 제13조의2제6항에 따른 조건을 이행하지 않아 책임의료기관으로서의 기능을 현저히 수행하지 못한다고 판단될 경우

4. 법 제15조제3항에 따른 시정 요구를 이행하지 아니하여 의료

취약지 거점의료기관, 공공전문진료센터 또는 책임의료기관으로서의 기능을 현저히 수행하지 못한다고 판단될 경우

제16조(교육 · 훈련의 실시 등) ① 법 제20조에 따라 보건복지부장관, 시 · 도지사 또는 시장 · 군수 · 구청장(자치구의 구청장을 말한다)은 공공보건의료 수행기관에서 근무하는 사람을 대상으로 다음 각 호의 사항에 대해 교육 · 훈련을 실시할 수 있다.

1. 보건의료 관련 직종별 전문 지식 및 기술에 관한 사항
2. 보건의료의 질과 성과 향상에 관한 사항
3. 공공보건의료사업 수행에 관한 사항
4. 그 밖에 공공보건의료정책에 관하여 필요한 사항

② 보건복지부장관 또는 시 · 도지사는 법 제20조제3항에 따라 교육 · 훈련센터의 운영을 「의료법」 제3조제2항제3호바목의 종합병원에 해당하는 공공보건의료기관에 위탁할 수 있다. 〈개정 2021. 9. 24.〉

제16조의2(공공보건의료 지원센터 운영의 위탁) ① 보건복지부장관은 법 제21조제2항에 따라 공공보건의료 지원센터의 운영을 「국립중앙의료원의 설립 및 운영에 관한 법률」에 따른 국립중앙의료원(이하 이 조에서 "국립중앙의료원"이라 한다)에 위탁한다.

② 제1항에 따라 공공보건의료 지원센터의 운영을 위탁받은 국립중앙의료원의 장은 매년 12월 31일까지 다음 연도의 운영계획을 수립하여 보건복지부장관의 승인을 받아야 한다.

③ 제1항에 따라 공공보건의료 지원센터의 운영을 위탁받은 국립중앙의료원의 장은 매년 2월 말일까지 전년도 운영실적을 보건복지부장관에게 보고해야 한다.

[본조신설 2021. 9. 24.]

제17조(공공보건의료 지원단의 운영 등) ① 법 제22조제1항에 따른 공공보건의료 지원단의 업무는 다음 각 호와 같다.

1. 공공보건의료 시행계획의 수립과 시행에 대한 지원
2. 관할 지역 내 공공보건의료기관의 공공보건의료계획 수립과 시행에 대한 지원 및 공공보건의료기관과의 협력 사업 수행
3. 의료취약시 거점의료기관의 운영에 대한 기술 지원
4. 그 밖에 관할 지역의 공공보건의료에 관한 조사·연구 등 필요한 사항

② 제1항에서 정한 사항 외에 공공보건의료 지원단의 조직과 운영에 관하여 필요한 사항은 지방자치단체의 조례로 정한다.

제18조(규제의 재검토) 보건복지부장관은 제13조의2에 따른 책임의료기관의 지정기준 및 지정절차, 제15조제3호에 따른 지정 취소에 대하여 2022년 1월 1일을 기준으로 3년마다(매 3년이 되는 해의 1월 1일 전까지를 말한다) 그 타당성을 검토하여 개선 등의 조치를 해야 한다.

[본조신설 2022. 2. 17.]

부칙 〈제179호, 2013. 2. 1.〉

이 규칙은 2013년 2월 2일부터 시행한다.

부칙 〈제283호, 2015. 1. 5.〉 (규제 재검토기한 설정 등 규제정비를 위한 감염병의 예방 및 관리에 관한 법률 시행규칙 등 일

부개정령)
이 규칙은 공포일로부터 시행한다.

부칙 〈제365호, 2015. 11. 18.〉 (지역보건법 시행규칙)
제1조(시행일) 이 규칙은 2015년 11월 19일부터 시행한다.
제2조(다른 법령의 개정) ① 생략
② 공공보건의료에 관한 법률 시행규칙 일부를 다음과 같이 개정한다.
제7조제3호 중 "「지역보건법」 제7조 및 제10조"를 "「지역보건법」 제10조 및 제13조"로 한다.
③부터 ⑥까지 생략
제3조 생략

부칙 〈제606호, 2018. 12. 28.〉 (행정규제기본법에 따른 일몰규제 정비를 위한 31개 법령의 일부개정에 관한 보건복지부령)
이 규칙은 2019년 1월 1일부터 시행한다.

부칙 〈제817호, 2021. 7. 7.〉 (어려운 법령용어 정비를 위한 「검역법 시행규칙」 등 11개 법령의 일부개정에 관한 보건복지부령)
이 규칙은 공포한 날부터 시행한다.

부칙 〈제829호, 2021. 9. 24.〉
이 규칙은 공포한 날부터 시행한다. 다만, 제5조제1항제3호의 개정

규정은 2021년 9월 24일부터 시행한다.

부칙 〈제866호, 2022. 2. 17.〉

이 규칙은 2022년 2월 18일부터 시행한다.

별표 / 서식

[별지 제1호서식] 의료취약지 거점의료기관 지정신청서

[별지 제2호서식] 의료취약지 거점의료기관 지정서

[별지 제3호서식] 공공전문진료센터 지정신청서

[별지 제4호서식] 공공전문진료센터 지정서

[별지 제5호서식] 책임의료기관 지정신청서

[별지 제6호서식] 책임의료기관 지정서

대한민국 법령 시리즈 530

공공보건의료에 관한 법률

(약칭 : 공공보건의료법)

법 령 / 시 행 령 / 시 행 규 칙

2025년 4월 16일 인쇄 정가 10,000원
2025년 4월 26일 발행

편 저 편집부
디 자 인 송영미
발 행 인 조준형 http://www.hgbookpub.com
발 행 처 해광출판사 E-mail : munbookcokr@naver.com
주 소 부산광역시 중구 해관로 41-1 (중앙동2가)
전화번호 (051) 253-0001 팩스 (051) 245-1187
등 록 제 2012-000005호

해광출판사에서는 여러분의 소중한 원고와 함께 할 기회를 기다리고 있습니다.
책으로 엮을 원고나 아이디어가 있으신 분들은 이메일 munbookcokr@naver.com
로 책에 대한 간단한 개요와 원고 전체 또는 일부를 연락처와 함께 보내주십시오.

ISBN 979-11-6881-814-9

※ 법령 출처 : 법제처 국가법령정보센터
※ 본 도서는 〈공공데이터 제공 및 이용 활성화에 관한 법률〉을 근거로 출판되었습니다.

해광출판사 대한민국 법령 시리즈

001. 선원법
002. 어선법
003. 선박직원법
004. 해사안전기본법
005. 해양환경관리법
006. 선박의 입항 및 출항등에 관한 법률
007. 학교안전사고예방 및 보상에 관한 법률
008. 종합부동산세법
009. 방위사업법
010. 행정규제기본법
011. 식품산업진흥법
012. 위험물안전관리법
013. 화재의 예방 및 안전관리에 관한 법률
014. 도시가스사업법
015. 실내공기질관리법
016. 지방세법
017. 소득세법
018. 법인세법
019. 도선법
020. 선박안전법
021. 선박법
022. 수산업법
023. 고압가스안전관리법
024. 국민연금법
025. 공동주택관리법
026. 화학물질관리법
027. 어선원 및 어선 재해보상보험법
028. 장기등 이식에 관한 법률
029. 자연재해대책법
030. 공유재산 및 물품 관리법
031. 산업입지 및 개발에 관한 법률
032. 부정경쟁방지 및 영업비밀보호에 관한 법률
033. 금융지주회사법
034. 온실가스 배출권의 할당 및 거래에 관한 법률
035. 건축사법
036. 산림문화휴양에 관한 법률
037. 전기사업법
038. 사립학교법
039. 고등교육법
040. 액화석유가스의 안전관리 및 사업법
041. 선박투자회사법
042. 수산자원관리법
043. 위험물선박운송및저장규칙
044. 선박평형수관리법
045. 주택임대차보호법
046. 상가건물임대차보호법
047. 지방공기업법
048. 승강기안전관리법
049. 수목원·정원의 조성 및 진흥에 관한 법률
050. 민법
051. 치료감호 등에 관한 법률
052. 대부업 등의 등록 및 금융이용자 보호에 관한 법률
053. 사료관리법
054. 무형문화재 보전 및 진흥에 관한 법률
055. 총포·도검·화약류 등의 안전관리에 관한 법률
056. 경찰관직무집행법
057. 시설물의 안전 및 유지관리에 관한 특별법
058. 수산생물질병 관리법
059. 소비자기본법
060. 국제선박등록법
061. 정보통신망 이용촉진 및 정보보호 등에 관한 법률
062. 해운법
063. 농수산물 품질관리법
064. 수산업협동조합법
065. 해외건설촉진법
066. 수상레저안전법
067. 공무원재해보상법
068. 수상에서의 수색·구조 등에 관한 법률
069. 어촌어항법
070. 항만법
071. 항만운송사업법
072. 해양경비법
073. 해양사고의 조사 및 심판에 관한 법률
074. 외국인근로자의 고용 등에 관한 법률
075. 중소기업기본법
076. 자유무역지역의 지정 및 운영에 관한 법률
077. 대기환경보전법
078. 소음진동관리법
079. 폐기물관리법
080. 하수도법
081. 물환경보전법
082. 토양환경보전법
083. 환경정책기본법
084. 산업재해보상보험법
085. 관세법
086. 노동조합 및 노동관계조정법
087. 근로기준법
088. 군인연금법
089. 먹는물관리법
090. 기술보증기금법
091. 관광진흥법
092. 감염병의 예방 및 관리에 관한 법률
093. 사법경찰관리의 직무를 수행할 자와 그 직무범위에 관한 법률
094. 수의사법
095. 가정폭력방지 및 피해자보호 등에 관한 법률
096. 환경영향평가법
097. 체육시설의 설치 · 이용에 관한 법률
098. 장사 등에 관한 법률
099. 상호저축은행법
100. 은행법
101. 보호관찰 등에 관한 법률
102. 형법
103. 자동차관리법
104. 형사소송법
105. 전자금융거래법
106. 마약류 불법거래 방지에 관한 특례법
107. 도로법
108. 주세법
109. 변리사법
110. 하천법
111. 중소기업진흥에 관한 법률
112. 발달장애인 권리보장 및 지원에 관한 법률
113. 주택법
114. 장애인복지법
115. 농어업경영체 육성 및 지원에 관한 법률
116. 공인중개사법
117. 건강기능식품에 관한 법률
118. 예비군법
119. 개발제한구역의 지정 및 관리에 관한 특별조치법
120. 국유재산법
121. 주차장법
122. 환경기술 및 환경산업 지원법
123. 대기관리권역의 대기환경개선에 관한 특별법
124. 악취방지법
125. 미세먼지 저감 및 관리에 관한 특별법
126. 가축분뇨의 관리 및 이용에 관한 법률
127. 물의 재이용 촉진 및 지원에 관한 법률
128. 물관리기본법
129. 물관리기술 발전 및 물산업 진흥에 관한 법률
130. 자원의 절약과 재활용촉진에 관한 법률
131. 전기 · 전자제품 및 자동차의 자원순환에 관한 법률
132. 건설폐기물의 재활용촉진에 관한 법률
133. 수도권매립지관리공사의 설립 및 운영 등에 관한 법률
134. 폐기물의 국가 간 이동 및 그 처리에 관한 법률
135. 폐기물처리시설 설치촉진 및 주변지역지원 등에 관한 법률
136. 자원순환기본법
137. 잔류성오염물질 관리법
138. 환경분쟁 조정법

해광출판사 대한민국 법령 시리즈

139. 화학물질의 등록 및 평가 등에 관한 법률
140. 환경오염시설의 통합관리에 관한 법률
141. 환경오염피해 배상책임 및 구제에 관한 법률
142. 중소기업제품 구매촉진 및 판로지원에 관한 법률
143. 환경개선비용 부담법
144. 환경분야 시험·검사 등에 관한 법률
145. 환경친화적 산업구조로의 전환촉진에 관한 법률
146. 환경친화적 자동차의 개발 및 보급 촉진에 관한 법률
147. 환경범죄 등의 단속 및 가중처벌에 관한 법률
148. 생명윤리 및 안전에 관한 법률
149. 장애인차별금지 및 권리구제 등에 관한 법률
150. 부동산투자회사법
151. 정치자금법
152. 과학기술기본법
153. 대리점거래의 공정화에 관한 법률
154. 상속세 및 증여세법
155. 학원의 설립 · 운영 및 과외교습에 관한 법률
156. 해양심층수의 개발 및 관리에 관한 법률
157. 전기용품 및 생활용품 안전관리법
158. 사회기반시설에 대한 민간투자법
159. 공직선거법
160. 정당법
161. 유류오염손해배상 보장법
162. 부정청탁 및 금품등 수수의 금지에 관한 법률
163. 항로표지법
164. 어장관리법
165. 민방위기본법
166. 공직자윤리법
167. 선거관리위원회법
168. 유선 및 도선 사업법
169. 전기공사업법
170. 사회복지사업법
171. 택지개발촉진법
172. 국가공무원법
173. 민간임대주택에 관한 특별법
174. 어음법·수표법
175. 민사집행법
176. 상법
177. 문화예술진흥법
178. 중소기업협동조합법
179. 농업협동조합법
180. 도로교통법
181. 의료사고 피해구제 및 의료분쟁 조정 등에 관한 법률
182. 산림보호법
183. 소년법
184. 동물보호법
185. 건축물관리법
186. 도시개발법
187. 화물자동차 운수사업법
188. 도시 및 주거환경정비법
189. 의료법
190. 국회법
191. 응급의료에 관한 법률
192. 출입국관리법
193. 노인복지법
194. 산림자원의 조성 및 관리에 관한 법률
195. 청소년 보호법
196. 초 · 중등교육법
197. 혁신도시 조성 및 발전에 관한 특별법
198. 경제자유구역의 지정 및 운영에 관한 특별법
199. 공공기관의 운영에 관한 법률
200. 대한민국헌법
201. 국민기초생활 보장법
202. 저작권법
203. 가사소송법
204. 국가유공자 등 예우 및 지원에 관한 법률
205. 국민체육진흥법
206. 전통주 등의 산업진흥에 관한 법률
207. 재난 및 안전관리 기본법
208. 정보통신공사업법
209. 주식회사 등의 외부감사에 관한 법률
210. 공익사업을 위한 토지 등의 취득 및 보상에 관한 법률
211. 개인정보 보호법
212. 국세기본법
213. 에너지이용 합리화법
214. 감정평가 및 감정평가사에 관한 법률
215. 국가인권위원회법
216. 가맹사업거래의 공정화에 관한 법률
217. 보건의료기본법
218. 산업안전보건법
219. 법무사법
220. 교육공무원법
221. 특허법
222. 민사소송법
223. 아동복지법
224. 전파법
225. 하도급거래 공정화에 관한 법률
226. 기초연금법
227. 사립학교교직원 연금법
228. 직업안정법
229. 장애아동 복지지원법
230. 부동산등기법
231. 자동차손해배상 보장법
232. 철도안전법
233. 항공안전법
234. 전자상거래 등에서의 소비자보호에 관한 법률
235. 독점규제 및 공정거래에 관한 법률
236. 상표법
237. 채무자 회생 및 파산에 관한 법률
238. 공무원연금법
239. 축산법
240. 근로복지기본법
241. 민원 처리에 관한 법률
242. 약사법
243. 방문판매 등에 관한 법률
244. 건축기본법
245. 지방세기본법
246. 지방세징수법
247. 지방자치법
248. 도시교통정비 촉진법
249. 공공주택 특별법
250. 국세징수법
251. 공인노무사법
252. 중대재해 처벌 등에 관한 법률
253. 외무공무원법
254. 소방시설공사업법
255. 검역법
256. 공중위생관리법
257. 할부거래에 관한 법률
258. 인터넷 멀티미디어 방송사업법
259. 전기통신사업법
260. 제품안전기본법
261. 철도사업법
262. 어린이제품 안전 특별법
263. 영유아보육법
264. 원자력안전법
265. 보험업법
266. 경비업법
267. 교통안전법
268. 세무사법
269. 관세사법
270. 공인회계사법
271. 지방공무원법
272. 고용정책 기본법
273. 국가경찰과 자치경찰의 조직 및 운영에 관한 법률
274. 협동조합 기본법
275. 재해구호법
276. 환경보건법

해광출판사 대한민국 법령 시리즈

277. 자살예방 및 생명존중문화 조성을 위한 법률
278. 소방산업의 진흥에 관한 법률
279. 소방기본법
280. 비송사건절차법
281. 자연환경보전법
282. 변호사법
283. 기업구조조정투자회사법
284. 전기통신기본법
285. 에너지법
286. 해양생태계의 보전 및 관리에 관한 법률
287. 사회보장기본법
288. 통신비밀보호법
289. 공증인법
290. 물류시설의 개발 및 운영에 관한 법률
291. 청소년활동 진흥법
292. 형의 집행 및 수용자의 처우에 관한 법률
293. 도시공원 및 녹지 등에 관한 법률
294. 태권도 진흥 및 태권도공원 조성 등에 관한 법률
295. 녹색건축물 조성 지원법
296. 우편법
297. 예금자보호법
298. 건설산업기본법
299. 금융회사의 지배구조에 관한 법률
300. 장애인활동 지원에 관한 법률
301. 언론중재 및 피해구제 등에 관한 법률
302. 국가재정법
303. 농지법
304. 게임산업진흥에 관한 법률
305. 정신건강증진 및 정신질환자 복지서비스 지원에 관한 법률
306. 디자인보호법
307. 의료기사 등에 관한 법률
308. 스마트도시 조성 및 산업진흥 등에 관한 법률
309. 내수면어업법
310. 한국주택금융공사법
311. 의료기기법
312. 유통산업발전법
313. 전통시장 및 상점가 육성을 위한 특별법
314. 여신전문금융업법
315. 해외자원개발 사업법
316. 산업교육진흥 및 산학연협력촉진에 관한 법률
317. 빈집 및 소규모주택 정비에 관한 특례법
318. 기업도시개발 특별법
319. 전력기술관리법
320. 국토기본법
321. 지하수법
322. 식품위생법
323. 광업법
324. 호스피스·완화의료 및 임종과정에 있는 환자의 연명의료결정에 관한 법률
325. 주식·사채 등의 전자등록에 관한 법률
326. 표시·광고의 공정화에 관한 법률
327. 골재채취법
328. 국민건강증진법
329. 새마을금고법
330. 여객자동차 운수사업법
331. 마리나항만의 조성 및 관리 등에 관한 법률
332. 한부모가족지원법
333. 국가를 당사자로 하는 계약에 관한 법률
334. 지방자치단체를 당사자로 하는 계약에 관한 법률
335. 축산물 위생관리법
336. 병역법
337. 음악산업진흥에 관한 법률
338. 국가균형발전 특별법
339. 첨단재생의료 및 첨단바이오의약품 안전 및 지원에 관한 법률
340. 공간정보의 구축 및 관리 등에 관한 법률
341. 공유수면 관리 및 매립에 관한 법률
342. 농수산물 유통 및 가격안정에 관한 법률
343. 아시아문화중심도시 조성에 관한 특별법
344. 신탁법
345. 자연공원법
346. 생활화학제품 및 살생물제의 안전관리에 관한 법률
347. 군인사법
348. 국제조세조정에 관한 법률
349. 낙동강수계 물관리 및 주민지원 등에 관한 법률
350. 주민등록법
351. 집합건물의 소유 및 관리에 관한 법률
352. 집단에너지사업법
353. 산림조합법
354. 반도체집적회로의 배치설계에 관한 법률
355. 자본시장과 금융투자업에 관한 법률
356. 담보부사채신탁법
357. 근로자퇴직급여 보장법
358. 국제과학비즈니스벨트 조성 및 지원에 관한 특별법
359. 수도법
360. 식품 등의 표시 · 광고에 관한 법률
361. 약관의 규제에 관한 법률
362. 인삼산업법
363. 종자산업법
364. 항공사업법
365. 건설기계관리법
366. 군형법
367. 궤도운송법
368. 기술의 이전 및 사업화 촉진에 관한 법률
369. 농수산물의 원산지 표시 등에 관한 법률
370. 담배사업법
371. 석유 및 석유대체연료 사업법
372. 가축전염병 예방법
373. 농어촌정비법
374. 식물신품종 보호법
375. 항공보안법
376. 중소기업창업 지원법
377. 군사법원법
378. 우주개발 진흥법
379. 해저광물자원 개발법
380. 산림복지 진흥에 관한 법률
381. 지능형 로봇 개발 및 보급 촉진법
382. 헌법재판소법
383. 옥외광고물 등의 관리와 옥외광고산업 진흥에 관한 법률
384. 혈액관리법
385. 국제항해선박 등에 대한 해적행위 피해예방에 관한 법률
386. 유료도로법
387. 독립유공자예우에 관한 법률
388. 신에너지 및 재생에너지 개발 · 이용 · 보급 촉진법
389. 신용정보의 이용 및 보호에 관한 법률
390. 출판문화산업 진흥법
391. 공항시설법
392. 국민 평생 직업능력 개발법
393. 아동 · 청소년의 성보호에 관한 법률
394. 방송법쉬
395. 신용보증기금법
396. 화장품법
397. 청소년 기본법
398. 인터넷주소자원에 관한 법률
399. 양곡관리법
400. 도로명주소법
401. 전자문서 및 전자거래 기본법
402. 산업기술의 유출방지 및 보호에 관한 법률
403. 국가기술자격법
404. 양식산업발전법
405. 산업기술혁신 촉진법
406. 새만금사업 추진 및 지원에 관한 특별법
407. 전자정부법
408. 지역 개발 및 지원에 관한 법률
409. 한국농어촌공사 및 농지관리기금법
410. 계량에 관한 법률
411. 기업활동 규제완화에 관한 특별조치법
412. 군에서의 형의 집행 및 군수용자의 처우에 관한 법률

해광출판사 대한민국 법령 시리즈

413. 규제자유특구 및 지역특화발전특구에 관한 규제특례법
414. 금융위원회의 설치 등에 관한 법률
415. 남녀고용평등과 일 · 가정 양립 지원에 관한 법률
416. 농어업인 삶의 질 향상 및 농어촌지역 개발촉진에 관한 특별법
417. 댐건설 · 관리 및 주변지역지원 등에 관한 법률
418. 국가유산수리 등에 관한 법률
419. 법원조직법
420. 보훈보상대상자 지원에 관한 법률
421. 부패방지 및 국민권익위원회의 설치와 운영에 관한 법률
422. 과학기술분야 정부출연연구기관 등의 설립 · 운영 및 육성에 관한 법률
423. 연구개발특구의 육성에 관한 특별법
424. 친환경농어업 육성 및 유기식품 등의 관리 · 지원에 관한 법률
425. 연안관리법
426. 영화 및 비디오물의 진흥에 관한 법률
427. 신용협동조합법
428. 방송통신발전 기본법
429. 범죄피해자 보호법
430. 가축 및 축산물 이력관리에 관한 법률
431. 국가표준기본법
432. 국가통합교통체계효율화법
433. 범죄인 인도법
434. 국가과학기술 경쟁력 강화를 위한 이공계지원 특별법
435. 국제경기대회 지원법
436. 금융혁신지원 특별법
437. 수자원의 조사 · 계획 및 관리에 관한 법률
438. 축산자조금의 조성 및 운용에 관한 법률
439. 소방시설 설치 및 관리에 관한 법률
440. 양성평등기본법
441. 축산계열화사업에 관한 법률
442. 수입식품안전관리 특별법
443. 대외무역법
444. 국가연구개발사업 등의 성과평가 및 성과관리에 관한 법률
445. 무역보험법
446. 기술사법
447. 광산안전법
448. 농약관리법
449. 농업 · 농촌 및 식품산업 기본법
450. 문화산업진흥 기본법
451. 부담금관리 기본법
452. 야생생물 보호 및 관리에 관한 법률
453. 한국은행법
454. 별정우체국법
455. 원양산업발전법
456. 콘텐츠산업 진흥법
457. 한국수출입은행법
458. 외국인투자 촉진법
459. 물류정책기본법
460. 전자서명법
461. 산업발전법
462. 산업표준화법
463. 소프트웨어 진흥법
464. 토지이용규제 기본법
465. 해수욕장의 이용 및 관리에 관한 법률
466. 정보통신 진흥 및 융합 활성화 등에 관한 특별법
467. 정보통신산업 진흥법
468. 지진 · 화산재해대책법
469. 소금산업진흥법
470. 위치정보의 보호 및 이용 등에 관한 법률
471. 외국법자문사법
472. 이러닝(전자학습)산업 발전 및 이러닝 활용 촉진에 관한 법률
473. 암관리법
474. 실용신안법
475. 가족관계의 등록 등에 관한 법률
476. 무인도서의 보전 및 관리에 관한 법률
477. 감사원법
478. 정보보호산업의 진흥에 관한 법률
479. 결혼중개업의 관리에 관한 법률
480. 공익신고자 보호법
481. 박물관 및 미술관 진흥법
482. 낚시 관리 및 육성법
483. 동산 · 채권 등의 담보에 관한 법률
484. 임금채권보장법
485. 국민투표법
486. 농림수산업자 신용보증법
487. 국가채권 관리법
488. 중소기업은행법
489. 식품안전기본법
490. 외국환거래법
491. 발명진흥법
492. 건설기술 진흥법
493. 기후위기 대응을 위한 탄소중립 · 녹색성장 기본법
494. 인체조직안전 및 관리 등에 관한 법률
495. 엔지니어링산업 진흥법
496. 신문 등의 진흥에 관한 법률
497. 식물방역법
498. 석탄산업법
499. 산업융합 촉진법
500. 비료관리법
501. 임업 및 산촌 진흥촉진에 관한 법률
502. 복권 및 복권기금법
503. 대규모유통업에서의 거래 공정화에 관한 법률
504. 뉴스통신 진흥에 관한 법률
505. 지능정보화 기본법
506. 자격기본법
507. 중소기업 기술혁신 촉진법
508. 국가공간정보 기본법
509. 농어업재해대책법
510. 방송광고판매대행 등에 관한 법률
511. 지식재산 기본법
512. 초고층 및 지하연계 복합건축물 재난관리에 관한 특별법
513. 해양 조사와 해양정보 활용에 관한 법률
514. 공간정보산업 진흥법
515. 공공기관의 정보공개에 관한 법률
516. 행정기본법
517. 해상교통안전법
518. 농어업재해보험법
519. 문화유산의 보존 및 활용에 관한 법률
520. 자연유산의 보존 및 활용에 관한 법률
521. 국토의 계획 및 이용에 관한 법률
522. 건축법
523. 국민건강보험법
524. 계엄법
525. 환경친화적 선박의 개발 및 보급 촉진에 관한 법률
526. 해양폐기물 및 해양오염퇴적물 관리법
527. 연안사고 예방에 관한 법률
528. 전기안전관리법
529. 의약품 등의 안전에 관한 규칙
530. 공공보건의료에 관한 법률

⋮

군보건의료에 관한 법률
농어촌 등 보건의료를 위한 특별조치법

*** 해광출판사의 법령 시리즈는 계속 발행 됩니다.**
**** 각 도서의 개정판은 인쇄일을 기준으로 제작 되었습니다.**